AF224578

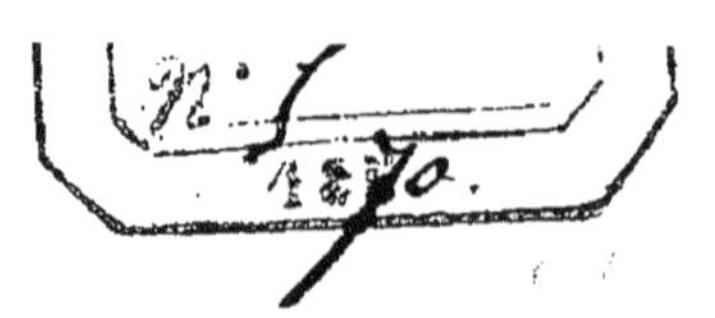

JULES FAVRE

A CONSTANTINE.

DISCOURS PRONONCÉS AU PUNCH

DONNÉ LE 1er MAI.

PRIX : 60 CENTIMES.

CONSTANTINE	PARIS
CHEZ L. MARLE	CHEZ CHALLAMEL
2, rue d'Aumale.	27, rue Bellechasse.

1870

JULES FAVRE A CONSTANTINE.

Le 1er mai , à huit heures du soir, la ville de Constantine offrait à son illustre visiteur les témoignages de son
admiration, de son estime et de sa vive reconnaissance.

La halle aux grains, décorée avec goût, contenait près
de quatre mille personnes.

Quelles acclamations! Lorsque Jules Favre fait son en-
trée, l'enthousiasme est impossible à décrire.

Une fois le calme rétabli, le président de la commission
lit, au nom de la population de Constantine, le discours
suivant qui avait été délibéré et approuvé dans plusieurs
réunions préparatoires :

CHERS CONCITOYENS,

L'éminent orateur, dont s'enorgueillissent la
tribune et les lettres, est arrivé parmi nous salué
de toutes les acclamations et entouré de tous les
respects, comme la personnification de la liberté
politique, de la démocratie française, des droits
de l'Algérie et de l'humanité elle-même qui em-
brasse, dans son harmonie et son amour infini,
toutes les grandes et nobles causes.

Pourquoi avez-vous voulu qu'un toast collectif
vienne résumer ici l'expression de nos sentiments de gratitude et de chaude sympathie?
C'est que ce toast n'est pas seulement un hom-

mage à l'homme d'Etat qui, au milieu de la prostration des esprits, de l'abaissement universel des caractères, des excès de la force et de la servile dégradation des consciences, a su conserver intactes ses généreuses convictions et n'a point désespéré de la vertu; c'est que vous vouliez acclamer en Jules Favre les principes du Vrai et du Juste, par le cri unanime de nos patriotiques populations. (Bravos! — Vive Jules Favre!)

Ç'a été en effet nn rare spectacle et bien digne d'admiration de voir notre patrie, bien qu'engourdie par la peur, susciter cependant une phalange, imperceptible par le nombre, mais puissante par l'Idée, dont le mâle courage a su ramasser dans le sang lc glorieux drapeau de l'avenir.

Ainsi n'a pas été prescrit le droit éternel! Ainsi s'est rallumé dans d'épaisses ténèbres le flambeau divin aux clartés duquel nous marcherons bientôt, en rangs serrés, dans les voies du bien-être social, de la solidarité, de la fraternité et de la liberté démocratique. (Vive la liberté!)

Mais cette nuit a duré bien longtemps. La plupar d'entre nous étaient venus ici plein de foi et de jeunesse, au moment où la République avait donné à l'Algérie l'assimilation politique, l'assimilation douanière et une loi sur la propriété. De larges horizons s'ouvraient à nos yeux et nous voguions pleins d'espoir, quand une heure fatale vit à la fois sombrer la liberté en France et s'engloutir nos garanties. Jeunes gens alors, nous descendons aujourd'hui les pentes qui mènent à la mort sans avoir été, pendant vingt ans, un seul jour citoyens. (Bravo!) Le nom même de l'Algérie, devenue la succursale de Cayenne, n'a retenti pendant longtemps aux oreilles des familles françaises que comme un long sanglot!

Après ce naufrage du droit dans les tourmentes du régime plébiscitaire, l'Algérie dut se résigner silencieusement et attendre. C'est durant cette période que le maréchal Randon interdisait à la presse de « s'occuper des questions qui touchaient directement ou indirectement à l'administration. » Plusieurs années s'écoulent et de meilleurs destins nous sont promis. Le ministère spécial est créé. Mais, s'étant borné à fonder un pouvoir civil sans donner les institutions civiles électives qui, seules, auraient dû l'inspirer et le soutenir, il ne tarda pas à s'écrouler sous les coups de la réaction militaire, et le poids de la servitude retomba sur nous plus pesant que jamais. (Approbation). Bientôt des publications semi-officielles demandèrent la liquidation de la colonisation européenne. Les jours du royaume arabe étaient venus ! Faire de tribus éparses, sans lien commun, ennemies même les unes des autres, une nation compacte, unie et vivante, tel fut le rêve insensé d'une autorité sans contrôle et sans frein. Pour réaliser une si monstrueuse utopie, intervint un sénatus-consulte qui, feignant de marcher vers la propriété individuelle, l'entoura de complications inextricables. Ce pouvoir personnel qui s'arrogeait le privilége de tout savoir, de penser, de délibérer et d'agir pour tous les citoyens, n'a pas encore su trouver, à l'heure qu'il est, la simple formule de l'acte constitutif de la propriété individuelle..... (C'est vrai ! bravo !) Depuis 1863, on ne l'a fondée nulle part ; mais on n'avait pas manqué le but secret qu'on s'était proposé : fermer à la libre colonisation les territoires des tribus et isoler les deux races ! C'est en vain que nos délégués firent entendre leurs protestations à Paris. L'empereur refusa de les recevoir et leur fit écrire cette brève et célèbre réponse : « L'empereur ne reconnaît aux colons aucune compétence dans la question des terres. » (Rumeurs). Mais quand la famine, fruit légitime d'un tel système, vînt exterminer les tribus, il fallut bien reconnaître aux colons au moins une compétence, celle de secourir et d'alimenter ces infortunés qui périssaient par centaines de mille. Il fallut bien reconnaître officiellement que là où les Arabes avaient été mis au contact avec nous, l'ordre et le travail les avaient tellement améliorés déjà et transformés qu'ils ont pu se soustraire à cette terrible calamité. La lumière se faisait, nos protestations devenaient plus pressées et plus accablantes. On crut un instant que le pouvoir personnel allait céder, mais ce n'est pas dans son essence ; car il s'empressait de nommer autoritairement une commission chargée de nous octroyer une constitution. Le nom seul de certains membres suffisait à inspirer aux colons une anxiété profonde. Aussi bien, le projet sorti de ces délibérations séparait-il complètement les deux races. Dieu merci! grâce à nos efforts, grâce à quelques généreux défenseurs, grâce à vous surtout, Jules Favre ! (Vive Jules Favre!) ce projet de sénatus-consulte est retombé dans les ténèbres où il avait été élaboré et nous avons échappé à la juridiction du Sénat, pour comparaître enfin devant celle du Corps législatif, c'est-à-dire devant le pays tout entier.

Alors, comme aujourd'hui, nous demandions à envoyer des députés à la représentation nationale, parce qu'à nos yeux l'Algérie était surtout un intérêt français, parce que nous voulion nous abriter sous les plis de notre drapeau, parce que nous appartenions entièrement au pays natal dans l'amour duquel nous élevons pieusement nos enfants.

Telles ont été, telles sont nos aspirations.

C'est l'union politique, l'union indissoluble que nous réclamons. Sur le terrain sacré de la patrie, l'accord est aussi certain qu'indispensable.

Mais la liberté politique nous suffira-t-elle et cette concession, si large qu'elle soit, satisfera-t-elle le besoin de réformes qui dévore l'Algérie ?

Ici encore, le problême se trouve résolu, le principe est proclamé par ceux-là même qui ont fait la Révolution française et dans d'immortelles déclarations, affranchi le genre humain. Le 8 mars 1789, sur le rapport de Barnave, l'Assemblée constituante votait, à l'unanimité, le décret suivant :

L'Assemblée Nationale,

Déclare que, considérant les colonies comme une partie de l'empire français, et désirant les faire jouir des fruits de l'heureuse régénération qui s'est opérée, elle n'a cependant jamais entendu les comprendre dans la Constitution qu'elle a décrétée pour le royaume, et les assujettir à des lois qui pourraient être incompatibles avec leurs convenances locales et particulières.

En conséquence, elle a décrété et décrète ce qui suit :

Art. 1er. — Chaque colonie est autorisée à faire connaître son vœu sur la Constitution, sur la législation et sur l'administration qui conviennent à sa prospérité et au bonheur de ses habitants, à la charge de se conformer aux principes généraux qui lient les colonies à la métropole et qui assurent la conservation de leurs intérêts respectifs.

Art 2. — Dans les colonies où il existe des assemblées coloniales, librement élues par les citoyens et avouées par eux, ces assemblées seront admises à exprimer les vœux de la colonie ; dans celles où il n'existe pas d'assemblées semblables, il en sera formé incessamment pour remplir les mêmes fonctions.

Les plans préparés dans lesdites assemblées coloniales seront soumis à l'Assemblée Nationale pour être examinés, discutés par elle, etc.

(Vive l'Assemblée Nationale !)

Ces vœux qu'on sollicitait de colonies lointaines, on peut bien les entendre aujourd'hui de l'Algérie séparée à peine de la France par 36 heures de traversée. Examinons quels sont ces vœux ?

La question paraît s'agiter ailleurs de savoir si, après le vote du 9 mars, le gouverneur de l'Algérie sera civil ou militaire.

La réponse est toute faite : Nous ne voulons pas de gouverneur... nous en avons eu assez... la coupe est pleine... (Oui ! oui !) Dans une époque où la centralisation est signalée comme le plus grand des maux, comme un instrument d'oppression politique et d'absorption économique, nous irions de gaîté de cœur nous affubler de deux centralisations, de deux pompes aspirantes, fonctionnant l'une à Alger et l'autre à Paris. Non, nous en souffrons trop et depuis trop longtemps ! (C'est cela !)

Que les intérêts supérieurs, dévolus au gouvernement politique, soient réglés à Paris par un ministre civil de l'Algérie, ayant sous ses ordres et sa responsabilité tous les services publics, civils et militaires, visitant nos contrées en tous sens quand sa présence sera inutile à Paris, s'imprégnant de nos aspirations et de nos besoins, s'éclairant de l'avis indépendant de nos députés, de nos assemblées délibérantes électives, à la bonne heure ! et nous y tenons *essentiellement*.

Mais après cela, que Dieu nous préserve d'être trop administrés! (Bravo!) Car, qu'on le sache bien en France, peu nous importe d'être les sujets de fonctionnaires civils ou militaires. Dans l'un ou l'autre des régimes, la tyrannie se délègue de haut en bas, elle intervient douloureusement dans tous les actes de la vie publique et privée, elle coûte cher, elle ne produit pas, elle paralyse, elle atrophie.... Ce que nous voulons, c'est le gouvernement du pays par le pays, ce sont des INSTITUTIONS CIVILES, ELECTIVES, EFFECTIVES, se substituant à la pratique autoritaire par la représentation et la discussion de tous les intérêts algériens proprement dits. (Bravo!)

Au gouvernement donc, la sphère des intérêts généraux ! Aux membres élus des conseils provinciaux et municipaux, l'administration entière et absolue des intérêts des provinces et des communes, chaque fois que l'Etat ne sera pas appelé à concourir à la dépense. Ainsi, dans cette démarcation facile à déterminer, le fonctionnaire algérien saura qu'il n'est que le mandataire des

colons, l'exécuteur de leurs décisions régulière-
ment rendues.

Et dans ce pays neuf, si vaste, si fécond, si
rempli de promesses, où il y a tant de choses à
faire et tant de fautes à réparer, il ne conviendra
pas que les conseils provinciaux, réunis une fois
par an pendant huit jours, soient à peine consultés et écoutés. Il leur faut des attributions
étendues, des réunions fréquentes, et enfin une
commission permanente, qui soit à la fois un
contrôle, un lien, une direction. Il faut, pour
tous les réglements d'administration, pour les
lois secondaires, pour toutes celles même qui
pourraient être promulguées dans le pays, que
les conseils généraux, réunis par délégation en
conseil supérieur, fassent connaître au Corps législatif quelles lois spéciales nous sont utiles,
qu'ils en proposent le texte à ses délibérations,
qu'ils le justifient par des *Exposés des motifs*.

Notre pensée, en résumé, se formule ainsi :
LA COMMUNE LIBRE ET LA PROVINCE LIBRE DANS
L'ETAT LIBRE ! (Oui ! oui !)

Et alors, si l'Algérie commet des fautes ; si,
dans ses élections municipales, provinciales et
législatives, elle fait des choix inconsidérés, si
elle porte ses suffrages sur des hommes plus
ambitieux que dévoués, sur des hommes sans
intelligence ou sans caractère, l'Algérie n'aura
plus à fatiguer le gouvernement de ses doléan-
ces. Elle ne s'en prendra qu'à elle-même, et,
dans ses propres erreurs, puisera pour l'avenir
de profitables enseignements.

Mais les Arabes, nous dira-t-on, qu'en allez-
vous faire ? Ah ! sans doute, nous ne demanderons pas pour eux le bénéfice du régime des
premiers jours, où florissaient la bastonnade, la
confiscation, le séquestre, l'incarcération et l'exé-
cution sommaires ; nous ne demanderons pas
même pour eux le bénéfice du régime actuel,
qui compte parmi ses moyens d'action les com-
missions disciplinaires, l'internement, l'exil, l'im-

pôt sans quittances, les réquisitions, les corvées, les chefs grands et petits et les cadis. (C'est vrai!) Les colons ont dans le droit commun une confiance expérimentale supérieure à celle qu'inspirent les procédés turcs. Ils veulent constituer immédiatement, au profit des malheureux Arabes, la propriété individuelle, base d'un impôt unique et d'une assiette facile ; ils veulent une perception régulière de ces impôts, et l'entière liberté des transactions ; ils pensent que l'intégrité de nos magistrats, si vantée en France, ne sera pas ici contestée, ni même mise en parallèle avec le désintéressement des juges indigènes. Ils veulent que l'Arabe devienne enfin propriétaire. Il ne lui sera demandé que de labourer paisiblement son champ, à côté de nous et avec nous. Le jour où la propriété individuelle sera constituée dans les tribus, on pourra dire que l'ère des famines et des exploitations sera fermée. En tombant, le communisme agraire entraînera dans sa chute une féodalité sans grandeur ni contre-poids, et les tribus ne tarderont pas à apprécier les bienfaits du 89 économique que les colons sont encore seuls à appeler sur elles.

Ces résultats seront moins difficiles à atteindre si l'on est assez juste pour se rappeler les services éclatants rendus à l'Algérie par l'armée, et la longue période de paix qu'elle a donnée glorieusement au pays. Non-seulement l'armée a rendu possible l'œuvre de la colonisation, mais encore elle a cela de digne de notre respect que de ses rangs sont sortis, après libération, le plus grand nombre de ces énergiques travailleurs qui cultivent aujourd'hui le sol, sous la blouse, après l'avoir conquis et défendu sous l'uniforme. (Oui! oui!) La valeur et la modération civique de nos soldats nous autorisent à affirmer que le mot *insurrection* sera désormais banni du dictionnaire français en Algérie. (Bravo!)

Aujourd'hui que la tranquillité matérielle est assurée et que la France a reconnu en nous ses enfants, il nous est permis d'exposer que le globe a été donné par Dieu à ceux qui l'habitent pour le cultiver, l'assainir, le coloniser, en un mot, le civiliser! L'Afrique, ramenée à la barbarie depuis la décadence romaine, échappe encore à cette loi providentielle, si ce n'est sur les mille kilomètres de rivages où flottent nos bannières. Commençons par là notre ouvrage, et donnons un viril exemple qui rayonnera un jour sur les peuplades, arriérées encore, qui nous entourent. Mais qu'au moins les législateurs nous autorisent à poursuivre nous-mêmes, à nos risques et périls, cette œuvre rédemptrice. Nos lois administratives obligent l'Etat à incorporer au domaine public toutes les terres de l'Algérie dont la propriété n'appartient à personne, et il y en a par surcroît. Or, les terres, ce sont les entrailles mêmes de l'Algérie, ce sont sa force et sa puissance. De même qu'en Amérique, ces terres sont réputées fédérales, nous demandons qu'elles soient remises à nos provinces, bien plus intéressées et plus habiles à les coloniser que l'Etat lui-même. Les Conseils généraux sauront les administrer, les allotir, les livrer à l'immigration, et pourront déléguer, par des rétrocessions conditionnelles, une partie de cette belle tâche aux communes. Sous l'empire d'une nouvelle et intelligente réglementation, nous aurions bientôt peuplé le pays, garanti sa sécurité et préparé à l'Etat les ressources qu'il aime à tirer de l'accroissement de la fortune publique et de la population.

Mais nous avons à cet égard des visées plus hautes encore. Pendant que des millions d'hectares, délaissés par les indigènes, restent à l'état de main-morte et d'improductivité, la plaie du prolétariat s'étend sur le corps social et semble menacer quelquefois la France de redoutables conflits. Chez elle, une fraction de la démocratie s'agite sourdement ; elle aspire légitimement au bien-être. L'obtiendra-t-elle sans nuire aux autres classes? Grave problème qui ne se posera jamais en Algérie !

Ici, la terre, d'une incomparable fertilité, sollicite les bras des travailleurs et leur offre des trésors. Qu'ils viennent donc ! Ils n'auront rien à envier à personne et nul ne viendra leur disputer les fruits de leurs labeurs. Sous un bon gouvernement, — il ne faut pas abdiquer toute espérance (Bravo!), — il se fondera, de la mer au Sahara, une démocratie rurale, profondément enracinée au sol et bien supérieure à celle qui fut si longtemps le bouclier de la république romaine ; une démocratie de laboureurs, instruite, indépendante, éprise de toutes les libertés ; une démocratie radieuse, vivant en plein air et en plein soleil, avec le culte du droit et de la justice, avec l'amour de la famille au cœur, avec un dévouement filial et inaltérable pour la France, notre commune patrie ; une démocratie qui conservera dans ses fastes l'histoire de nos luttes et de nos malheurs, et qui se souviendra éternellement de

Jules Favre, comme du plus persévérant, du plus énergique, du plus éloquent de nos défenseurs.

A Jules Favre ! A la liberté démocratique !
A la France !

De longs cris de : *Vive Jules Favre! vive la liberté! vive la France!* éclatent dans toute la salle.

Jules Favre prend ensuite la parole :

MESDAMES ET CHERS CONCITOYENS,

Je suis touché, plus que je ne saurais le dire, de l'honneur que vous voulez bien me faire.

J'en suis touché, surtout, pour l'idée commune qui nous rassemble et que vous entendez fêter dans cette soirée qui restera dans le souvenir de chacun. Je voudrais bien que ceux qui ont à cœur de calomnier la démocratie, qui se plaisent à la considérer comme ingrate pussent assister à cette fraternelle réunion. Quelle royauté a jamais reçu un accueil semblable à celui dont vous voulez honorer le plus humble, mais le plus convaincu des défenseurs des principes qui nous rassemblent ? *(Vive Jules Favre !)*

Celui que vous accueillez ainsi n'a aucun pouvoir, aucune fortune, aucune faveur à vous offrir, il n'a que son cœur et ses convictions. *(Merci.— Vive Jules Favre !)*

Mais comme sur ce terrain il est en parfaite communauté avec vous, comme les uns et les autres nous sentons la grandeur des principes auxquels nous nous sommes dévoués, nous voici tous réunis pour en attester la virilité, et pour dire, par cette réunion solennelle, que nous sommes, chacun dans la mesure de nos forces, déterminés à les défendre jusqu'au dernier souffle. *(Bravo ! bravo !)*

Permettez-moi, dès lors, de vous remercier du fond du cœur et de remercier particulièrement les dames de Constantine.

Elles ont compris, et je leur en sais un gré infini, qu'en France il ne saurait y avoir aucune fête sans que les femmes n'y assistent et ne l'em-

bellissent par leurs grâces et par leurs sympathies. *(Très-bien!)*

Elles sont d'ailleurs, sur cette terre qui a été
fécondée par vos travaux, par vos sacrifices et
par vos vertus, la meilleure représentation du
devoir ; et certes, sans elles, sans leur dévouement, sans leurs vertus domestiques — c'est aux
colons qui ont tant souffert que je m'adresse, —
que serait devenue l'œuvre qu'ils ont si vaillam-
ment conduite, disputant à la terre, à tous les
obstacles politiques et matériels qui peuvent s'offrir à cette pensée civilisatrice, les trésors que cependant elle ne refuse pas au travail ? C'est une
entreprise qui peut lasser même les plus forts,
et comment l'accomplir si l'on ne rencontre pas
dans l'intérieur, au foyer, les consolations, l'af-
fection et les grâces sans lesquelles la vie serait
décolorée et souvent inerte par l'abattement qui
viendrait nous assaillir? C'est aux femmes, c'est
à leurs vertus, c'est aux consolations dont elles
sont la source qu'il faut attribuer notre principale
force. Elles ont, en Algérie, joué un rôle que
l'histoire retiendra et dont, au surplus, nos cœurs
leur seront éternellement reconnaissants. *(Très-
bien ! très-bien !)*

Je suis donc heureux de les rencontrer ici, et
je crois que ce serait d'un excellent exemple que
dans les réunions publiques, là où se débattent
les grands intérêts du pays, elles nous honoras-
sent de leurs excitations patriotiques, elles nous
modérassent par leur douceur ; elles nous appris-
sent à conserver dans notre·langage cette retenue
qui leur est familière et dont nous puisons chaque
jour dans leur commerce l'ineffaçable exemple.

Si je voulais répondre au toast dont on a bien
voulu m'honorer, j'aurais longtemps à vous retenir, et peut-être que ma fatigue m'empêcherait
de remplir la tâche qui me serait ainsi proposée.
L'honorable orateur a, en effet, touché à des
points divers dont chacun mériterait un dévelop-
pement spécial. Il a examiné sur toutes ses faces

la question qui concerne l'Algérie, son origine, ses souffrances, son extension, les espérances légitimes qu'elle est en droit de concevoir. Il vous a rappelé quel avait été l'objet de la conquête, la mission assignée à la France, et principalement le devoir qu'elle avait contracté d'établir et de faire respecter les lois de la civilisation. Il vous a dit, en même temps, que cette œuvre difficile avait été précédée d'une période pendant laquelle avaient éclaté, avec leur héroïsme, les vertus de notre brillante armée, qui, en effet, par son sang, par son courage, par ses sacrifices, a rendu possible l'œuvre de la colonisation. Il n'est donc pas permis, en Algérie, de prendre la parole sur les intérêts qui nous agitent sans rendre hommage au dévouement de nos braves soldats, lesquels n'ont rien de commun avec le système militaire, dont souvent ils sont les victimes en même temps que les instruments innocents. (*Oui ! C'est vrai !*)

Ne confondons jamais ces choses. Lorsque la France est venue en Algérie, elle combattait la barbarie, elle avait pour obligation étroite d'y substituer les règles de la civilisation. Ces règles, elles sont avant tout le respect non-seulement de la vie, mais encore de la dignité de l'homme, c'est-à-dire de sa liberté. Et pour la faire épanouir avec les magnifiques résultats qui sont en elle, il fallait, en premier lieu, doter l'Algérie d'institutions qui assurassent à chaque homme les garanties qui sont nécessaires pour qu'il puisse, sans crainte d'être inquiété, se développer, travailler, établir sa famille, sans avoir à subir le joug de l'arbitraire. *(Bravo !)*

Malheureusement, il faut le dire, il n'en a pas été ainsi, et pour des causes qu'il serait trop long d'énumérer et que vous connaissez, la pauvre Algérie a été longtemps victime d'un système qui semblait créé exprès pour ceux qui avaient intérêt à l'exploiter, mais non pour ceux qui devaient la féconder par un travail utile de colonisation. (*Très-bien ! Bravo !*)

On vous a dit les périodes différentes qu'elle a traversées ; on a compté jusqu'à dix-sept régimes particuliers qui lui avaient été tour à tour administrés. Je voudrais bien savoir, je ne dirai pas quel malade, mais quel homme bien portant pourrait résister à des cures aussi multipliées. (Rires. — *Oui ! Bravo !)*

Eh bien ! mes chers concitoyens, l'Algérie, c'est là son honneur, sa gloire, sa légitime espérance, elle a été plus forte que ses médecins et ses gouverneurs. (*Oui ! Oui !*) Elle en a triomphé. C'est dire assez que son existence est assurée.

Elle a conquis le droit de vivre et de se développer, et le jour où la liberté a été solennellement décrétée pour elle, il y avait déjà longtemps qu'elle l'avait méritée, qu'elle s'en était rendue digne et qu'elle l'avait conquise au moins dans le domaine des idées et du droit. (*C'est vrai ! Très-bien !*)

Etait-ce ce gouvernement civil, qui n'a duré que quelques jours, et qui a passé sur elle pour faire place à une autre expérience, qui pouvait lui assurer ses droits ?

Non, vous a-t-on dit avec une grande justesse, car un gouvernement n'est pas un gouvernement civil par cela seul qu'un uniforme en remplace un autre.

Quand on cherche la raison d'être d'une société, ce n'est pas dans ceux qui commandent, c'est dans ceux qui s'associent qu'il la faut chercher. (Bravos enthousiastes.) C'est la commune, ce sont les citoyens, ce sont les hommes qui travaillent qui font la force de l'Etat ; ce sont ceux-là seuls qu'il faut consulter. Or, s'ils sont dans la nécessité d'obéir, et si une déclaration insolente vient leur dire qu'ils sont incompétents à s'occuper de leurs propres affaires, et que sur la question de leur territoire, ils ne doivent obtenir d'autre justice et d'autre politique que d'être mis à la porte, quel que soit le gouvernement, qu'il s'appelle civil ou militaire, les citoyens sont joués et sont victimes. (Applaudissements.)

Que leur faut-il donc ? — Non pas des mots, des phrases pompeuses, des promesses démenties, il leur faut des réalités, il leur faut des institutions, il leur faut la liberté.

Grâces à Dieu, après les révolutions qui ont secoué l'Europe, les écrits de tant de philosophes, les souffrances des penseurs, les holocaustes offerts à la liberté, nous n'en sommes plus à chercher, incertains, la route que nous devons suivre pour arriver au bien, au juste, au progrès légitime. (Très-bien ! très-bien !)

Il n'existe plus, en ce monde, de famille privilégiée ; il n'y a plus d'hommes apparaissant au-dessus de leurs semblables, et pouvant dire, du haut de leurs balcons, comme l'on disait autrefois au fils d'un de nos anciens monarques : « Tout ce peuple est à vous ! » — Cette race a disparu ; elle ne reviendra pas. (Applaudissements enthousiastes.)

Mais il ne faudrait point qu'elle fût remplacée par un autre fantôme de despotisme, de terreur et de domination, qui, sous prétexte de s'inspirer de l'Etat, s'appellerait fonctionnarisme civil ou militaire, avec la prétention de courber la volonté de tous sous une règle toute faite qui viendrait de France pour s'imposer à l'Algérie. (Non ! non !)

Il ne peut y avoir d'autre source légitime du pouvoir que le consentement de tous ; il ne peut y avoir de paix, de sécurité et d'ordre que dans l'établissement d'un régime qui permette à tous les citoyens de concourir à la libre administration de leurs affaires. (Immenses acclamations.)

Commençons par la commune ; allons ensuite au conseil provincial ; du conseil provincial à l'assemblée des députés de la France, qui fait les lois. Alors, en supposant, ce que je veux admettre, que les élections soient libres et sincères, vous aurez de véritables garanties, ce droit des citoyens de s'associer, de causer paisiblement de leurs affaires, de se juger les uns les autres, de n'arrêter devant aucune limite la liberté de l'expression de leurs pensées. Voilà ce grand pouvoir, supérieur à tout autre, qu'on appelle l'opinion publique, et qui, ainsi que le chœur antique, planant au-dessus de toutes les résolutions, impersonnel, s'inspirant avant tout des intérêts généraux, communique à chaque citoyen cette noble vertu civique qui lui permet de disposer de lui-même et de voter sur les affairesde son pays, sans s'inquiéter de ce qu'il en pourrait être pour lui-même. Eh bien ! ces grands résultats ne peuvent être obtenus qu'à l'aide de libres institutions. Et on a eu raison de vous dire que, dans l'ère qui se prépare pour l'Algérie, et qui bientôt, je l'espère, sera une vivante réalité, il sera sage, si nous le pouvons, de faire disparaître ce qu'on appelle le gouvernement général. (Applaudissements.)

Lorsque je demandais lequel était préférable du gouvernement militaire ou du gouvernement civil, je disais : Confiez à un militaire le gouvernement civil, il est fort à croire qu'avec la meilleure volonté du monde, les intentions les plus loyales, il se souviendra beaucoup trop de ses épaulettes. (Oui ! oui !) Confiez à un gouverneur civil le soin d'administrer ce qui est général, bien ; je ne répondrais nullement qu'il ne cherchât pas à imiter ses devanciers, et que pour avoir voulu gouverner civilement vous ne versassiez encore dans le gouvernement militaire. Et d'ailleurs, à quoi bon, comme on l'a dit très-bien, un gouvernement général ? Est-ce que l'Algérie ne peut pas se passer de ce rouage absolument parasite ? Est-ce qu'on rencontre ici des difficultés tellement considérables qu'elles ne puissent pas être résolues par la libre initiative de tous les citoyens, par leur volonté désintéressée, par leur désir de faire le bien ? Aussi ces difficultés, je ne sais pas si je me trompe, mais il me semble qu'elles ont été surtout dans la manie de tout gouverner, de tout diriger, de tout dominer, et par conséquent de tout entraver. (Oui! c'est cela!)

Laissez faire, ayez confiance. Je crois qu'en définitive ceux qui ont apporté ici leur travail, leurs capitaux, qui sont venus s'établir sous ce beau ciel, dans ce pays fécond pour chercher à vivre honnêtement, pour faire leur fortune, pour y laisser une génération qui continue leurs traditions, ceux-là, dis-je, sont certainement les plus intéressés à la fertilité et à la prospérité du pays. (Oui! Bravo!)

Voilà mon système, à moi. Je ne sais pas s'il est le dix-huitième (rires), mais je crois que c'est le meilleur, et j'espère qu'il aura son tour.

Ainsi, la première difficulté, qui est celle du gouvernement, me paraît être résolue par ce simple procédé de laisser l'Algérie, autant que possible, se gouverner elle-même.

Elle est en face d'un autre problème, qui a agité beaucoup d'esprits, qui a fait noircir bien du papier, et je ne voudrais pas jurer qu'il n'ait fait prononcer beaucoup de paroles inutiles : c'est... la fusion des races. Il semble, en vérité, que nous soyons condamnés à renverser brusquement toute barrière, et que rien ne pourrait être sauvé qu'à cette double condition de nous précipiter dans les bras des musulmanes, et d'obtenir un échange réciproque. (Rires.)

Eh bien! j'en atteste le bon sens et le patriotisme de tous ceux qui m'écoutent. Il n'a jamais été question d'une transformation brusque et violente.

L'autorité militaire, qui a eu, je n'en doute pas, d'excellentes intentions, mais qui trop souvent n'y a pas conformé ses actes, a prétendu se poser comme tutrice des Arabes ; elle a voulu faire leur éducation. Mais par quel moyen ? Il était simple : c'était celui de ne les contrarier en rien de tout ce qui pouvait leur nuire, et de les arrêter en tout ce qui pouvait leur permettre de faire quelques progrès. (Acclamations prolongées.)

C'est ainsi qu'on a conservé sous l'autorité du gouvernement français les castes qui font peser sur les populations arabes le joug arbitraire des grands chefs. (Oui! oui!)

C'est ainsi qu'on a maintenu la communauté de tribus et qu'il est arrivé (chose fatale, qui avait été prévue par tous les esprits intelligents, mais qui n'a pas été aperçue par ceux qui avaient intérêt à demeurer aveugles!) que sur un sol puissamment fécond et susceptible d'être transformé par le moindre travail, comme il ne peut y avoir de travailleurs qu'à la condition qu'ils soient propriétaires, les Arabes sont morts par centaines de mille, embrassant avec une résignation lamentable cette terre qui ne pouvait pas les nourrir, et tournant leurs regards désespérés vers ceux qui leur avaient promis le salut et qui étaient impuisssants à le leur procurer. (Très-bien! *Vive Jules Favre!*)

Cette grande leçon nous apprit ce que c'est, en définitive, au point de vue économique, que la fusion des races. La fusion des races, c'est leur libre juxtaposition ; c'est la possibilité pour elles, sous le bénéfice du droit commun, d'entretenir des relations amicales ; c'est l'unité de législation en ce qui ne touche pas la religion et la famille ; c'est la propriété ; c'est la tranquillité des routes ; c'est la possibilité, par le commerce, par les échanges, d'améliorer la situation de chacun, et d'entretenir ces intérêts qui, tôt ou tard, permettront aux deux races de se comprendre et de s'affectionner, et par conséquent de s'assimiler. (Oui! Bravo!)

Ainsi, la liberté pour tous. (Acclamations.) En même temps, une législation qui protége cette liberté, qui s'applique aux indigènes comme aux Européens ; la tribu brisée, les grands chefs réduits à leur juste valeur ; le laboureur suc-

cédant au fellah, et sur cette terre qu'il a longtemps parcourue, en la considérant comme la
propriété du seigneur, des tentes et plus tard des
chaumières venant s'établir, et à côté d'elles, des
colonies européennes, nos familles pénétrant dans
les familles musulmanes. C'est l'œuvre du temps ;
ne précipitons rien : ce qu'il n'a pas consacré est
peu durable ; nous pouvons être patients, parce
que nous sommes forts : nous sommes avec la liberté et la démocratie. Elles auront raison de
ces préjugés religieux, de ces préjugés de castes.
Protégées par le droit commun, elles dissiperont
ces préjugés pour faire régner partout la justice et l'humanité. (*Oui ! oui !*)

C'est ainsi, mes chers concitoyens, que l'Algérie pourra devenir forte, grande et prospère ; et
le jour où un régime de véritable liberté succè-
dera à celui que vous avez trop longtemps subi,
soyez sûrs que les capitaux afflueront ; que les
familles qui, en Europe, cherchent un élément
d'activité, viendront se joindre à vous, agrandir
peu à peu votre domaine, de sorte que cette brillante colonie, dont nous trouvons les titres dans
chacune des villes de l'Algérie, deviendra la
grande famille algérienne et française, et nous
pourrons légitimer la conquête par le travail, par
l'ordre et par la liberté. (*Vive la liberté !*)

Comme on vous l'a dit, et c'est pour nous un
orgueil et une satisfaction de le proclamer, à 36
heures de la France, ayant ses mœurs, ses usages,
ses sympathies, l'Algérie ne cessera jamais d'être
la France, et quand les uns ou les autres nous
franchirons ce bras de mer qui nous sépare,
quand vous viendrez en France, quand nous vien-
drons en Algérie, nous nous sentirons chez nous,
sur notre sol, protégés par la même liberté. Et
si en France nous n'avons pas les splendeurs de
votre soleil, la richesse de votre climat, nos cœurs
iront au devant de vos cœurs, et bientôt, la main
dans la main, la plus parfaite communauté s'éta-
blira. (*Vive Jules Favre ! Vive Jules Favre !*)

C'est ce qui me permet en terminant cette allocution peut-être trop longue, (Non ! Non !) de vous renvoyer les remerciements que vous avez bien voulu m'adresser. Je vous ai dit que j'avais consacré le peu que je vaux à la défense de votre cause. Elle m'est chère, et il y a de longues années qu'elle m'est apparue, comme étant celle de la justice et du droit. (Merci ! Vive Jules Favre !

Mais, en même temps, j'avais raison de vous le dire. Ce serait un acte d'ingratitude de ma part que de ne pas vous rendre le témoignage que vous méritez. Vous avez, dans les temps agités que nous traversons, rendu à la cause générale de la liberté en France, un service signalé dont nous vous sommes reconnaissants.

Ce service, le voici :

Nous n'ignorez pas que, depuis l'année dernière, de grandes transformations se sont accomplies. On vous a parlé de ces temps, heureusement déjà bien loin de nous, où, livrée à une sorte d'assoupissement fatal, la nation semblait attendre, dans une morne rêverie, les temps meilleurs où se lèverait pour elle le soleil de la liberté. (Vive la liberté !) Il est à l'horizon, et les élections dernières ont suffisamment montré que la France, debout, entendait revêtir son armure de dignité, de force et d'indépendance, et que, d'un geste impérieux, elle avait à jamais condamné le pouvoir d'un seul. (Oui ! Très-bien !)

Après cette sentence encore confuse, incertaine et qu'il fallait par l'interprétation civique dégager des élections qui venaient de s'accomplir, vous le savez, la Constitution de 1852 a été brusquement mise en échec par ceux qui paraissaient, jusque-là, avoir été ses dévoués serviteurs. (C'est vrai !)

A Dieu ne plaise que je veuille critiquer leur conversion. C'est là la force et l'honneur du parti démocratique de ne repousser personne ; quand on vient sincèrement à lui, il ouvre ses rangs, et pourvu qu'on donne des gages, il accueille les recrues avec autant de respect que les vétérans.

Mais voici que cette transformation subite découvre les vices radicaux que beaucoup de gens avaient signalés dans cette Constitution et que des yeux intéressés persistaient à ne pas voir. Ce n'était pas seulement par un côté que l'édifice était menacé ; il semblait que cette construction, symétrique au premier regard, fût pleine de défectuosités ; que des lézardes menaçassent de toutes parts l'œuvre du bâtiment et qu'il fût bientôt destiné à périr.

Cependant des défenseurs intéressés se présentaient. Tout était confusion dans cette mêlée, lorsqu'un jour, à la barre du Corps législatif, apparut la cause algérienne, avec sa puissance, avec sa netteté, avec son droit impérieux qui s'impose aux consciences.

Par un bizarre caprice du pouvoir personnel, l'Algérie avait été livrée à l'arbitraire des sénatus-consultes ; il semblait qu'elle ne fût rien dans l'Etat, une sorte de bague au doigt, un domaine royal, une ferme, quoi que ce fût qu'on pût livrer à la fantaisie de MM. les sénateurs. (Acclamations.)

L'Algérie, j'en atteste vos souvenirs, n'avait jamais accepté cette position subalterne. Dans l'intimité de sa conscience, elle avait religieusement protesté contre la situation imméritée, exceptionnelle qui lui avait été faite. Et c'est alors que, forts de ses sentiments qui ne pouvaient être contestés, les défenseurs de l'Algérie attaquèrent très-nettement en son nom, en suivant la défense de ses intérêts, cette constitution qui l'a condamnée à une sorte d'ilotisme civique et qui l'a livrée en coupe réglée aux volontés souveraines du Sénat. (Bravos.)

Sa cause parut tellement claire, qu'après un peu d'hésitation chacun fut convaincu, et l'article 27 de la Constitution, qui consacrait l'asservissement politique de l'Algérie, ne résista pas un instant à la discussion qui fut engagée. Eh bien! je vous le demande, quand, dans une constitution, une disposition fondamentale vient à périr, le reste ne s'écroule-t-il pas? (Oui! Oui! Vive Jules Favre.)

Et c'est ainsi qu'en revendiquant son droit et en le faisant triompher, l'Algérie a été l'ouvrier de la dernière heure dont les services sont préférables à ceux des hommes qui ont supporté le poids du jour et de la chaleur, et qu'avec ce droit plus éclatant que la lumière, elle a renversé cette constitution en la renvoyant à l'examen nouveau, à tous les jugements et à tous les hasards du plébiscite sur lequel le dé est maintenant lancé. (C'est vrai! Acclamations.)

Eh bien! en terminant, puisque nous sommes dans la période plébiscitaire et qu'en définitive il n'y a ni danger, ni inconvénient, ni esprit factieux à causer de ses propres affaires, permettez-moi de vous dire, du moins, ce que j'en pense. (Oui! Oui!)

J'y suis d'autant plus intéressé que j'ai eu l'honneur de réclamer pour l'Algérie le droit de concourir à cet acte. Je voudrais l'appeler grand, cela m'est difficile. (Rires.)

Si je considère ceux qui vont y prendre part, je lui donnerai volontiers ce nom ; mais, si je jette les yeux sur ceux qui en sont les inspirateurs, ce nom expire sur mes lèvres et vous ne l'entendrez pas sortir de ma bouche. (Applaudissements.)

Mais enfin, nous sommes consultés et on nous fait cet honneur que la constitution n'ayant été votée que par le Sénat, le peuple doit délibérer et rendre son verdict; son verdict, il ne sera pas motivé ; ce sera un OUI ou un NON. (Non! Non!)

Peuple souverain, voilà ta fortune; on délibère au Luxembourg, on t'apporte une machine toute faite et on te demande : comment la trouves-tu? (Bravo).

Eh bien, s'il m'est permis de vous dire mon sentiment, le voici : c'est qu'ainsi interrogé, je déclare que je ne veux pas regarder cette machine par l'excellente raison que ce n'est pas moi qui l'ai faite et que seul j'avais droit de la faire. (C'est vrai. Très-bien !)

Et lorsqu'on me demande, par des questions quelconques, si je la veux, ou si je ne la veux pas, je réponds très-énergiquement que je ne la veux pas, parce qu'elle m'est étrangère et que sa seule présentation est une usurpation. (Acclamations.)

Cela n'a pas besoin d'être discuté, et je n'ai pas à vous rappeler que deux ministres sont tombés pour avoir osé soutenir, dans le Conseil du prince, qu'il était nécessaire que la formule du plébiscite fût soumise aux représentants du pays.

C'est assez vous dire que, loin d'abdiquer, le pouvoir personnel, contre lequel se sont prononcées les élections de la France, persiste dans la prétention de gouverner seul, et, qu'en réalité, tout ce qui a été présenté par lui n'est qu'une déception, qu'un piège, et que nous devons répondre par un vote de constante défiance. (Oui ! Oui !)

Et lorsque, en définitive, la Constitution qu'on nous demande d'approuver nous impose l'empire héréditaire à toujours, non pas seulement à nous, mais à nos enfants ; (Nous n'en voulons pas !!!) lorsque, par exemple, on nous dit, et c'est la seule disposition que je veuille vous rappeler, que si la descendance de l'Empereur vient à s'éteindre, si celle du prince Napoléon, qui serait son héritier présomptif, était également éteinte, les Français seraient dans la nécessité de se chercher un empereur où ils voudraient, et qu'ils ne seraient pas libres de se choisir cet empereur, je dis que c'est là une mauvaise plaisanterie politique, et tous nous devons la repousser. (Oui ! Oui ! Bravos.)

Sommes-nous pour cela des factieux, des révolutionnaires ? Je dis que nous sommes avant
tout, en manifestant ici notre volonté, des hommes d'ordre, de conservation et de paix. Savez-
vous où sont les révolutionnaires ? Les révolutionnaires sont ceux qui inscrivent sur leur constitution et sur leur drapeau les principes de
1789 dont ils se raillent dans le particulier, qu'ils
cherchent à éluder et dont chacune de leurs lois
n'est que la contradiction. Voilà les vrais révolutionnaires ! Les révolutionnaires sont ceux qui
appuient le pouvoir lorsqu'il fait arrêter nui-
tamment dans leur lit des représentants du pays
pour les faire conduire à Mazas comme des vo-
leurs, et lorsqu'il s'asseoit sur un trône qui re-
pose sur le sang des Français. (Bravos prolongés.)

Les révolutionnaires sont ceux qui proclament,
dans leurs harangues officielles, un respect ab-
solu pour la volonté du peuple et qui lui refusent
le droit de s'associer, de s'entendre, qui ne veulent pas protéger la liberté, la sainteté du foyer
contre l'omnipotence des fonctionnaires qui font
des émeutes factices, et qui, par conséquent, li-
vrent la société aux caprices du pouvoir arbitraire.

Voilà les révolutionnaires. (Oui ! Oui ! C'est
cela.)

Ceux qui sont, au contraire, de véritables con-
servateurs, qui sont des hommes d'ordre et de
paix, ce sont ceux qui s'attachent aux principes.
Or, les principes, au milieu des ruines que tant
de gouvernements ont entassées sur notre société, les principes ne peuvent être que dans la
souveraineté nationale (très-bien), non pas pro-
clamée, non pas écrite dans les livres, mais la
souveraineté nationale loyalement pratiquée dans
la commune, dans la justice, dans toutes les
institutions qui régissent les sociétés, et non pas
livrée aux caprices d'un homme qui, avec les
meilleures intentions, peut, d'un jour à l'autre,
précipiter son pays dans le fléau de la guerre,

engager les finances, disposer du sang de nos enfants ; voilà ce qui doit troubler profondément notre société essentiellement scientifique, pacifique, travailleuse qui veut le règne des grands principes de la fraternité et qui veut rompre avec les traditions du pays en brisant tous les despotismes. (Oui ! Oui ! Bravos.)

S'il en est ainsi, vous le voyez, vous ne serez pas des hommes de révolution, vous serez des hommes de conservation et de paix. Et remarquez-le, nous sommes placés dans une situation étrange et qui vous avertit suffisamment du parti que vous avez à prendre. On vous consulte? non, on a l'air de vous consulter.

On vous consulte, mais en même temps qu'on le fait, on déclare ennemis de la patrie tous ceux qui ne prendront pas le parti qu'on leur conseille. (Rires.)

Eh bien ! cela me suffit.

Je ne sais pas quelles sont les destinées réservées à mon pays, mais ce que je crois pouvoir affirmer, c'est que, si les vertus civiques animent tous les cœurs, les questions qui peuvent aujourd'hui nous effrayer, se résoudront pacifiquement. (Oui ! Très-bien.)

Et alors que le peuple, dans sa majesté paisible, aura fait connaître sa volonté et que, debout, il sera décidé à la faire exécuter, soyez sûrs qu'il n'y aura dans la rue ni émeute ni sédition violente, il n'y aura que ce souffle persistant, impétueux, lequel semblable au vent qui courbe les épis de vos champs, fera disparaître toute résistance par le seul prestige de la vérité. (Acclamations.)

Voilà, mes chers concitoyens, ce que j'avais à vous dire. Assurément, si je me laissais aller au plaisir de converser avec vous, je ne me lasserais pas ; mais, certainement, j'arriverais à vous fatiguer. (Non ! non !)

Ce que chacun de nous doit retenir de cette soirée, dont mon cœur vous conservera une éternelle gratitude (Et nous aussi! Oui! oui!),

c'est qu'il y a toujours un profit actuel à faire
son devoir : Vous me récompensez plus que je
ne vaux. Quant à vous, votre récompense, elle
est dans la paix et dans la prospérité de votre
pays, dans la victoire que, grâce à Dieu, le droit
vient d'obtenir. C'est à nous, c'est à vous, de
faire que cette victoire ne soit pas stérile ; il ne
faut pas que, semblables aux navigateurs impru-
dents, nous nous endormions sur notre bord
parce que la mer paraît paisible. Il faut veiller,
et veiller constamment ; que la revendication soit
éternelle ; que les députés que vous pourrez
nommer se joignent à nous pour rappeler à la
puissance qui gouverne la France que l'Algérie
doit être sa plus chère préoccupation ; qu'il faut
qu'on la féconde par les grands principes de la
civilisation humaine, et alors, les difficultés qui
jusqu'ici nous ont entravés disparaîtront comme
par enchantement.

Je bois donc à la révolution pacifique de la
liberté ! (Immenses acclamations.)

CONSTANTINE. — IMPRIMERIE L. MARLE.

www.ingramcontent.com/pod-product-compliance
Lightning Source LLC
Chambersburg PA
CBHW051406050726

47595CB00006B/2727